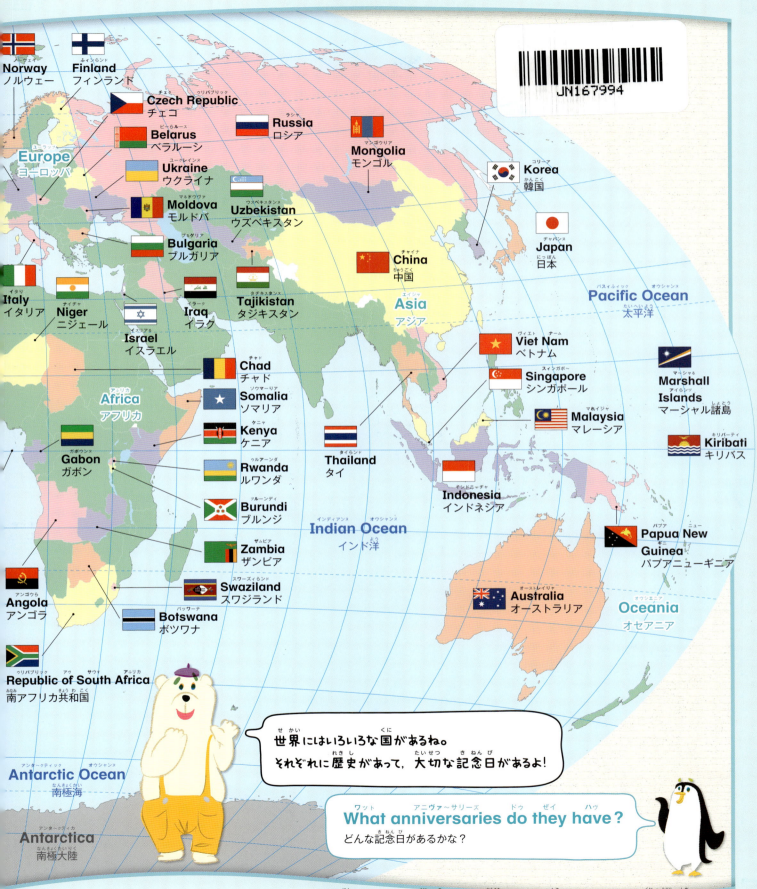

今日は何の日

英語で学び、考える

アラウンド ザ ワールド
around the world

世界のトピック 7月 8月 9月

この本を手にしてくれたみなさんへ

　みなさんは、「今日はなんの日かな？」と思うことがありますか？　ふだんはあまり気に留めることがないかもしれませんが、1年のどの日も、世界中の人々が生きてきた過去の歴史が刻まれた記念日です。この本では、そうした記念日を、「平和」「人権」「環境」「異文化理解」の4つの観点で選び、トピックとして取り上げています。トピックから見えてくる課題について、考えたり、友達や家族と話し合ったりして、自分にできることを探してみましょう。それは小さなことかもしれませんが、きっと世界をよりよく変えていくことにつながるでしょう。

　世界には数多くの言語があります。どれも同じように学ぶ意義がありますが、みなさんが、世界のさまざまな国の人々とともに、同じ課題に向かって行動するときには、英語がとても大きな助けになります。この本に取り上げたトピックについて考えながら、楽しく英語を学んでください。みなさんにとって英語を学ぶことが、自分を成長させるだけでなく、世界を知り、世界を変えていく第一歩になることを願い、この本をつくりました。今日はなんの日かを知ることで、みなさんの世界へのとびらが大きく開かれますように。

町田淳子

光村教育図書

Contents 目次

- 英語の音の示し方 ……………………………… 3
- **How to Use** この本の使い方 ……………… 4
- **Vocabulary for Calendars** カレンダーの言葉 …… 6

July 7月 …………………………………… 8

- **11th** World Population Day …… 10
  世界人口デー 〔環境〕
- **15th** World Youth Skills Day …… 12
  世界ユース技術デー 〔人権〕
- **18th** Nelson Mandela International Day …… 14
  ネルソン・マンデラ国際デー 〔人権〕
- **30th** International Day of Friendship …… 16
  国際フレンドシップ・デー 〔平和〕

August 8月 ………………………………… 18

- **6th, 9th** Days of Hiroshima and Nagasaki Atomic Bombings …… 20
  広島・長崎原爆の日 〔平和〕
- **9th** International Day of the World's Indigenous Peoples …… 22
  世界の先住民の国際デー 〔異文化理解〕
- **19th** World Humanitarian Day …… 24
  世界人道デー 〔人権〕

September 9月 …………………………… 26

- **5th** International Day of Charity …… 28
  国際チャリティー・デー 〔平和〕
- **8th** International Literacy Day …… 30
  国際識字デー 〔人権〕
- **16th** International Day for the Preservation of the Ozone Layer …… 32
  オゾン層保護のための国際デー 〔環境〕
- **21st** International Day of Peace …… 34
  国際平和デー 〔平和〕
- **27th** World Tourism Day …………… 36
  世界観光デー 〔異文化理解〕

- **My Calendar** 自分だけのカレンダーを作ろう！ …… 38
- **Let's think!** の答え ……………………… 40
- **Take Action** 行動できる地球市民になろう …… 41
- **Teaching Guide** この本を指導にお使いになる方へ …… 42
- **Word List** 言葉の一覧 …………………… 46

英語の音の示し方

外国語を学習するときには，正しい音声を知ることがとても大切です。そこでこの本では，英語の上に読み方の手がかりとなる片仮名を示しています。太い文字は，強く読むところです。日本語にない音は，平仮名で表したり，軽く音を出すところは小さい文字で表したりして，できるだけ英語の音に近い読み方になるように工夫して示しています。

太い文字について

強く読むところを太い文字で示しています。

[例] スタンプ **stamp**　イッツ **ハ**ード トゥ **ヒ**ア **It's hard to hear.**（強く読むところ）

日本語にない音や特に注意が必要な音について

th

舌先を歯で軽くはさむようにして息だけを出す音を，平仮名の「さ・す・せ・そ」で示しています。

[例] **さ**ンク ユー **thank you**　テン**す** **ten**th

同じようにして声を出す音を，平仮名の「ざ・ず・ぜ・ぞ」で示しています。

[例] **ず**ィス **this**　**ざ** **the**

f と v

下くちびるの内側に軽く上の歯をのせ，すき間から息だけを出す音を，平仮名の「ふ」で示しています。

[例] **ふ**ァミリ **family**　**ふ**ァイア **fire**

同じようにして声を出す音を，片仮名の「ヴ」で示しています。

[例] ハ**ヴ** **have**　ムー**ヴ**ィ **movie**

l と r

上の歯ぐきに舌先をおし当てて出すラ行の音を，平仮名の「ら・り・る・れ・ろ」で示しています。

[例] **れ**ッツ **Let's**

口を「ウ」の形にしてから舌をどこにもふれずに言うラ行の音を，片仮名の「ラ・リ・ル・レ・ロ」で示しています。

[例] ゥ**レ**ッド **red**

※ 特に，語の始めに来るときは，「ゥラ・ゥリ…」と示しています。

ds

日本語のツをにごらせて出す音を，「ヅ」で示しています。

[例] ワ～**ヅ** **words**　ふレン**ヅ** **friends**

のばす音を表す「～」について

舌を後ろに巻きこむようにしながらのばす音を，「～」で示しています。

[例] バ～すデイ **birthday**　ワ～るド **world**

小さい「ッ」や「ャ・ュ・ョ」以外の小さい文字について

最後に「ア・イ・ウ・エ・オ」の音が聞こえないように出す音を，小さい文字で示しています。

[例] ペッ**ト** **pet**　ブッ**ク** **book**

「ン」の音のあとに，舌先で上あごをさわって軽く出す「ヌ」の音を，小さい「ヌ」で示しています。

[例] キャン**ヌ** **can**　マウンテン**ヌ** **mountain**

英語は，世界の各地でさまざまに使われていますが，この本では主に，アメリカで使われている英語を参考に発音を示しています。

How to Use　この本の使い方

この本では，「平和」「人権」「環境」「異文化理解」の4つの観点から，7月，8月，9月の世界の記念日や，世界で起こった歴史的な出来事などを取り上げて紹介します。

本書は，大きく「トピックページ」と「ピックアップページ」の2種類のページで構成されています。ピックアップページでは，国際デーを中心に取り上げています。

トピックページ

その月の世界の記念日や歴史的な出来事などのトピックを，まとめて一覧にしたページです。それぞれのトピックを英語と日本語の両方で確認できます。

全ての英語に，英語の音に近い読み方を示しています。
（英語の音の示し方→3ページ）

トピックは，「平和」「人権」「環境」「異文化理解」の4つの分野に分け，分野ごとに色を変えて示しています。

英語以外の言語での月のよび方です。国連の公用語や，日本に関わりの深いいくつかの言語をのせています。
※アラビア語は右から左に書きますが，読み方は日本語にしたがって左から右に示しています。

年によって日付がかわる記念日です。

黄色にぬってあるところは，ピックアップページで取り上げているトピックです。ページ番号をフキダシで示しています。

★は，国連の定めた「国際デー」または「国際週間」です。

その月の季節や行事に関係する事がらを，日本語と英語で紹介しています。

日本の法律で定められている，その月の「国民の祝日」です。

● 特定の国のトピックには，その国名を示しています。
● この本では，国名は『最新基本地図－世界・日本－（40訂版）』（帝国書院）を参考に，子どもたちになじみのある名称を用いています。
● 地図と国旗の情報は，2016年9月1日現在のものです。
● 記念日の日付や名称，名称の日本語訳は，さまざまな文献にあたって特定してきましたが，諸説あるものも多く，他の書籍やウェブサイトの情報と異なる場合があります。

この本のガイドたち

ペンギンさん Hello!
英語が得意なので，英語であいづちを打ったり，英語での回答例を教えてくれたりします。

こんにちは！ **シロクマさん**
解説やアドバイスをしてくれたり，おまけの情報などを教えてくれたりします。

ピックアップページ

1つのトピックを取り上げて解説したページです。いくつかの活動を通じて，関係する英語表現を学びながらトピックに対する理解を深めることができます。

- **日付**
- **記念日や出来事の名称**
- **どんな日？** この日ができた背景やこの日にこめられた人々の思いなどを解説しています。
- **Let's think!** トピックに関連して，簡単な英語を使ったクイズや問いかけをのせています。答えを考えることで，トピックについての理解が深まります。

- **Words & Expressions** 下の問いかけの答えとなるような，テーマに関する英語の言葉や表現を紹介しています。言葉や表現は，答えとしてより自然と思われる形で示しています。
- **Let's act it out!** 簡単な英語を使った，物作りや発表などの活動を紹介します。
- **More to know** トピックについて，より理解を深めるためのコラムです。

国際連合と国際デー

国際連合は，略して「国連」とよばれます。世界中の国々が協力して平和を築くために，第二次世界大戦の反省から生まれた国際組織です。世界の平和と安全を守り，また，経済や社会において世界中の国々が協力するようにうながす活動を行っています。

国連が，世界のさまざまな問題の解決に向けて，世界中で協力しようとよびかけ，その取り組みをうながすために制定した記念日が「国際デー」です。

5

Vocabulary for Calendars
ヴォウキャビュらリ　ふォ　キャれンダズ

カレンダーの言葉

Let's learn some words and expressions for calendars.
れッツ　ら〜ンヌ　サム　ワ〜ッ　アンド　イクスプレションズ　ふォ　キャれンダズ

カレンダーで使う言葉や表現を学習しましょう。

●年の言い方

What year is it?
ワット　イア　イズイット
何年ですか？

It's 2016.
イッツ　トウェンティ　スィックスティーンヌ
2016年です。

year / 年

（2016年なら）It's 2016. 読み方は、twenty sixteen
（1938年なら）It's 1938. 読み方は、nineteen thirty-eight

●月の言い方

What month is it?
ワット　マンす　イズイット
何月ですか？

It's January.
イッツ　チャニュアリ
1月です。

month / 月

January チャニュアリ	1月	July チュらイ	7月
February ふェブルアリ	2月	August オーガスト	8月
March マ〜チ	3月	September セプテムバ	9月
April エイプリる	4月	October アクトウバ	10月
May メイ	5月	November ノウヴェムバ	11月
June チューンヌ	6月	December ディセムバ	12月

●曜日の言い方

What day is it?
ワッ　デイ　イズイット
何曜日ですか？

It's Sunday.
イッツ　サンデイ
日曜日です。

day / 曜日

Sunday サンデイ	日曜日	Thursday さ〜ズデイ	木曜日
Monday マンデイ	月曜日	Friday ふライデイ	金曜日
Tuesday テューズデイ	火曜日	Saturday サタデイ	土曜日
Wednesday ウェンズデイ	水曜日		

●日付の言い方

What is the date today?
今日は何月何日ですか？

It's January 6th, 2017.
2017年1月6日です。

date 日

日付をきかれたときは，It'sのあとに，「月」「日」「年」の順番に答えるよ。※日本語と，順序がちがうね。

It's October 24th, 2017.
　　　　月　　　日　　年

誕生日をきくときは
When is your birthday?
あなたの誕生日はいつですか？ と言うよ。

week 週

Sunday	Monday	Tuesday	Wednesday	Thursday	Friday	Saturday
first **1**st	second **2**nd	third **3**rd	fourth **4**th	fifth **5**th	sixth **6**th	seventh **7**th
eighth **8**th	ninth **9**th	tenth **10**th	eleventh **11**th	twelfth **12**th	thirteenth **13**th	fourteenth **14**th
fifteenth **15**th	sixteenth **16**th	seventeenth **17**th	eighteenth **18**th	nineteenth **19**th	twentieth **20**th	twenty-first **21**st
twenty-second **22**nd	twenty-third **23**rd	twenty-fourth **24**th	twenty-fifth **25**th	twenty-sixth **26**th	twenty-seventh **27**th	twenty-eighth **28**th
twenty-ninth **29**th	thirtieth **30**th	thirty-first **31**st				

holiday 休日

anniversary 記念日

consecutive holidays 連休

週末は weekend，
夏休みは summer vacation，
冬休みは winter vacation，
国民の祝日は national holiday，
うるう年は leap year と言うよ。

※ここでは，主にアメリカで使われる言い方を示しています。イギリスなどでは，一般的に「日」「月」「年」の順に言います。

July 7月

| いろいろな言語で | 七月 中国語 | juillet フランス語 | июль ロシア語 | julio スペイン語 |

1
Emancipation Day (Suriname)
奴隷解放の日（スリナム）

Independence Day (Burundi/ Rwanda/ Somalia)
独立記念日（ブルンジ／ルワンダ／ソマリア）

International Fruit Day
国際フルーツデー

2
Unity of South and North Viet Nam (Viet Nam, 1976)
南北ベトナム統一（ベトナム）

『変身』などを書いた、チェコの作家だよ。

3
Independence Day (Belarus)
独立記念日（ベラルーシ）

Birth of Franz Kafka (1883)
フランツ・カフカ誕生

7
Birth of Marc Chagall (1887)
マルク・シャガール誕生

20世紀のフランスで活躍した、ロシア系ユダヤ人の画家だよ。

8
Birth of John Davison Rockefeller (1839)
ジョン・デイヴィソン・ロックフェラー誕生

アメリカの実業家で石油王。引退後、財団を立ち上げ、医療や教育などにつくしたよ。

9
The Russell-Einstein Manifesto (1955)
ラッセル＝アインシュタイン宣言

哲学者ラッセルと物理学者アインシュタインらが発表した、核兵器の廃絶と科学技術の平和利用をうったえる宣言だよ。

10
Independence Day (Bahamas)
独立記念日（バハマ）

13
The First FIFA World Cup (1930)
第1回サッカーワールドカップ

LIVE AID takes place. (United Kingdom, United States of America, 1985)
「ライブ・エイド」開催。（イギリス、アメリカ）

アフリカの飢餓を救うためイギリスとアメリカで同時に行われたチャリティー・コンサート。世界中に中継されたんだ。

14
French National Day (France) 革命記念日（フランス）

1789年、国王の専制政治で抑圧されていた民衆が暴動を起こし、フランス革命が始まったんだ。

15
World Youth Skills Day 世界ユース技術デー ★ 12ページ 人権

Arctic Sea Ice Day
北極圏海氷の日

19
Birth of Edgar Degas (1834)
エドガー・ドガ誕生

おどり子の絵などを多くえがいた、フランスの画家、彫刻家だよ。

20
International Chess Day
国際チェスデー

21
Racial Harmony Day (Singapore)
民族融和の日（シンガポール）

学校で国内に住む各民族について学び、民族が調和することの大切さを考える日だよ。

22
Birth of Emma Lazarus (1849)
エマ・ラザルス誕生

アメリカの詩人。アメリカの自由の女神像の台座に書かれている詩が有名だよ。

26
International Day for the Conservation of the Mangrove Ecosystem
国際マングローブ生態系保全の日

27
National Sleepy Head Day (Finland)
おねぼうさんの日（フィンランド）

家の中で最後までねていた人は、水をかけられるなどして起こされるんだよ。

28
World Hepatitis Day
世界肝炎デー ★

ウイルス性肝炎という病気の予防や、その患者への差別などを解消しようとする日だよ。

29
International Tiger Day
国際タイガーデー

8　文字の色を 平和, 人権, 環境, 異文化理解 の4つの分野に分けています。　★のマークは国連の定める国際デー、国際週間です。

يوليو	칠월	julho	กรกฎาคม	tháng bảy
アラビア語	朝鮮語	ポルトガル語	タイ語	ベトナム語

年によって日付のかわる記念日

第1月曜日
Heroes Day (Zambia)
英雄の日（ザンビア）
イギリスから独立するために戦った人たちをたたえる日だよ。

第1金曜日
Fisherman's Day (Marshall Islands)
フィッシャーマンズ・デー（マーシャル諸島）
フィッシャーマン（漁師）をたたえる日だよ。魚つりのトーナメントなどが開かれるんだ。

4
Independence Day (United States of America)
独立記念日（アメリカ）

5
Death of Astor Piazzolla (1992)
アストル・ピアソラ没
ジャズなどを取り入れ、タンゴに新たな可能性を示したアルゼンチンの音楽家だよ。

6
San Fermin Festival (Spain, 6th-14th)
サン・フェルミン祭（スペイン）
牛に追われながら約800mを走る「エンシェロ」が有名だよ。

11
World Population Day
世界人口デー ☆　環境　10ページ

Naadam (Mongolia, 11th-13th)
ナーダム（モンゴル）
すもう、競馬、弓の3つの競技を行うモンゴルの伝統的なスポーツの祭典だよ。

12
Independence Day (Kiribati/ São Tomé and Príncipe)
独立記念日（キリバス／サントメ・プリンシペ）

16
An atom bomb is first tested. (United States of America, 1945)
世界初の原子爆弾の実験が行われる。（アメリカ）

17
The first Disneyland opens. (United States of America, 1955)
ディズニーランド開園。（アメリカ）

18
Nelson Mandela International Day
ネルソン・マンデラ国際デー ☆　人権　14ページ

日本の季節行事

7日 七夕
Star Festival
年に一度、この日にだけ、牽牛星（彦星）と織女星（織り姫）が天の川をわたって出会うという言い伝えから生まれた行事です。短冊に願い事を書いて、ささにさげてかざります。

23
National Remembrance Day (Papua New Guinea)
戦没戦士記念日（パプアニューギニア）

24
Machu Picchu is discovered. (Peru, 1911)
マチュピチュ遺跡発見。（ペルー）

25
Birth of Ferdinand Beyer (1803)
フェルディナント・バイエル誕生
ピアノの教則本を作った、ドイツの作曲家だよ。

30
International Day of Friendship
国際フレンドシップ・デー ☆　16ページ　平和

World Day against Trafficking in Persons
人身取引反対世界デー ★

31
Death of Sugihara Chiune (1986)
杉原千畝没
第二次世界大戦中に、ナチスドイツの迫害からのがれようとするユダヤ人にビザを発給して、6,000人近くの命を救った、日本人外交官だよ。

日本の祝日
海の日（第3月曜日）

World Population Day

July 11th
7月11日

世界人口デー

どんな日？

世界の人口は73億人をこえ，今も増え続けています。人口が増えると，人々が生きていくのに必要な資源が今以上に求められるので，資源不足となるおそれが指摘されています。また，人口問題は，環境破壊や貧富の差の拡大，高齢化などの問題とも関連しています。

私たちはますます協力し，今の環境が保たれるように努力しなければなりません。
国連は，1987年の7月11日に世界の人口が50億人をこえたことを機に，**こうした問題に対する世界の人々の関心を高めよう**と，この日を制定しました。

Words & Expressions

- **food** 食べ物
- **natural gas** 天然ガス
- **coal** 石炭
- **land** 土地
- **oil** 石油
- **water** 水
- **plants** 植物
- **minerals** 鉱物

What would we lack?

（このまま世界の人口が増え続けると）足りなくなるものはなんだろう？

English Activity

Let's think!

環境 Environment

What should we do?
（資源が足りなくなるかもしれない未来に備えて，）私たちはどうしたらいいかな？

人口が増えていくと，生活に必要な資源が足りなくなるかもしれない。そのときに備えて，人々はどうすればいいだろう？

Ummm...

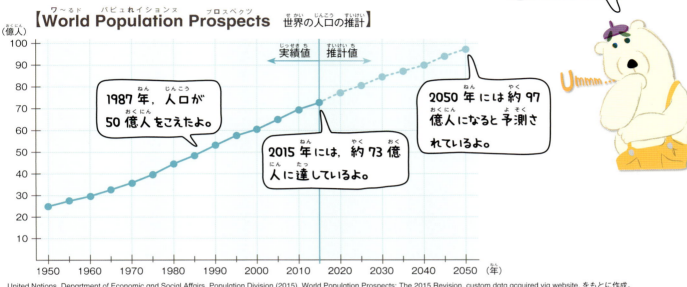

【World Population Prospects　世界の人口の推計】

1987年，人口が50億人をこえたよ。

2015年には，約73億人に達しているよ。

2050年には約97億人になると予測されているよ。

United Nations, Department of Economic and Social Affairs, Population Division (2015). World Population Prospects: The 2015 Revision, custom data acquired via website. をもとに作成。

We should use renewable energy.
再生エネルギーを使うといいね。

We should prevent waste.
むだづかいを防がなくちゃ。

We should buy less.
買う量を減らさなくてはね。

We should create something new.
何か新しいものをつくらなくちゃ。

Remember "mottainai!"
「もったいない」を忘れないで！

July 15th
7月15日

世界ユース技術デー

World Youth Skills Day
ワールド ユース スキルズ デイ

どんな日？

多くの職業で、専門的な知識と専門的な技術が必要とされています。しかし世界には、十分な職業訓練が受けられず、働くことができない若者が大勢います。確かな技術を身につけて職業につき、安定した人生を送ることは、だれもがもつ人権の1つです。そして若者がそれを実現することは、平和な社会をつくり、維持するために欠かせません。

国連は、7月15日を「世界ユース技術デー」とし、若者の職業訓練の充実をはかり、一人ひとりがその能力を高めることで、さまざまな社会の問題に対応できるよううながしています。

Words & Expressions
ワーッ アンド イクスプレションズ

cutting カッティング
切る

constructing カンストラクティング
建設する、組み立てる

computer コンピュータ
コンピューター操作

drawing ドローイング
図面をかく

programming プログラミング
プログラミング

operating アペレイティング
（機械やシステムなどを）操作する

design ディザインヌ
デザイン

using technical tools ユーズィング テクニカる トゥーるズ
工具を使う

cooking クッキング
調理

What kind of skills do you need?
ワット カインダヴ スキるズ ドゥ ユー ニード
（仕事をするには）どんな技術が必要だろう？

人権 — Human Rights

English Activity
Let's think!

What skills do they have?

かれらは、どんな技術をもっているだろう？

下の人たちは、どんな技術をもっているかな？ 12ページの中から選んで、ふせんに書いてはってみよう。

1 I'm a mechanic.
私は機械工です。
using technical tools 工具を使う

2 I'm a computer programmer.
私はコンピュータープログラマーです。

3 I'm a carpenter.
私は大工です。

4 I'm a cook.
私は調理師です。

cutting 切る

He has this skill.
この人は、この技術をもっているね。

English Activity
Let's act it out!

What skills do you need?

（あこがれの仕事につくには）どんな技術が必要かな？

将来、どんな仕事につきたいかな？ それをかなえるには、どんな技術が必要だろう？ 考えて、発表しよう！

I need cutting skills.
（美容師になりたいから）
髪を切る技術がいると思う。

I need drawing skills.
（建築士になりたいから）
図面をかく技術が必要だよね。

★Let's think! の答え→40ページ

July 18th
7月18日

Nelson Mandela International Day

ネルソン・マンデラ国際デー

どんな日？

みなさんは「アパルトヘイト」を知っていますか？　かつて南アフリカ共和国で行われていた，白人以外の人を差別する「人種隔離政策」のことです。黒人であるネルソン・マンデラ氏は，その反対運動を率いたために逮捕され，27年もの間，刑務所に入れられていました。しかしその間も国際社会にうったえ続け，アパルトヘイト撤廃に大きく貢献しました。釈放後，大統領となったかれは，**白人をゆるすことを説き，人種間の和解をすすめました。**国連は，マンデラ氏の功績をたたえ，氏の誕生日であるこの日を国際デーと定めました。

Words & Expressions

sad 悲しい

miserable みじめな

uneasy 不安な

frustrated いらいらした

unhappy 不幸せな

puzzled とまどった

distressed 苦しい

angry おこった

awful 不愉快な

How would you feel?
（もしも，差別されたら）どんな気持ちがするだろう？

人権 Human Rights

English Activity

Let's think!

Let's follow his walk to freedom!
かれが歩いた自由への道をたどってみよう！

人種差別とたたかい続けたマンデラ氏の人生を、その時々の気持ちを想像しながら見てみよう。

① No more apartheid!
アパルトヘイトはやめよう！
Never give up!
あきらめるな！

He is angry!
（白人に対して）おこっているね！

若いころは、アパルトヘイトに反対する運動を率いていました。

② Language is a bridge for understanding.
言葉は理解するための橋だ。

刑務所の中では、自ら看守たちの話す言葉を学び、白人である看守たちと理解し合えるようになりました。

③ No one is born hating another person.
だれも人をにくむように生まれてはこないのです。

釈放後、大統領に就任し、ゆるすことの大切さを説きました。

He is now open-minded.
広い心をもつようになったんだ。

More to know

Forgiveness ゆるす心

マンデラ氏は、相手をゆるし認め合うことを説いて、南アフリカを1つにまとめたんだ。

　アパルトヘイト撤廃後、マンデラ氏は白人以外の人々に、白人へのにくしみを捨て、ゆるすことをうったえました。その思いは、1995年のラグビーワールドカップで実を結びます。
　それまで南アフリカでは、ラグビーは白人が楽しむ白人のスポーツでした。そのため白人以外の人々はラグビーをきらい、決して自国チームを応援しませんでした。しかしマンデラ氏は、ワールドカップの南アフリカでの開催を決めると、全ての国民が1つになって応援するようによびかけます。それを受けて人々はしだいにチームを応援するようになり、結果、チームは見事優勝を成しとげました。南アフリカが1つにまとまった瞬間でした。

▲ 優勝カップをピナール主将に手わたすマンデラ氏。　AFP＝時事

July 30th
7月30日

International Day of Friendship

国際フレンドシップ・デー

どんな日？

みなさんは、フレンドシップ（友情）という言葉から、どのようなことを思いうかべるでしょうか？　友達どうしがおたがいを思いやる心、それがフレンドシップです。

今、世界には、紛争や貧困など、数多くの課題があります。世界中の人々が、人種や文化、考え方のちがいなどを乗りこえて、友達として思いやり、協力し合わなければ、こうした課題を解決することはできません。

国連は、**国境をこえて育まれる友情が世界を1つにする**という思いのもと、「国際フレンドシップ・デー」を制定しました。

Words & Expressions

talk about my problems
なやみを相談する

study
勉強する

share books
本を見せ合う

chat
おしゃべりする

play
遊ぶ

have lunch
昼食を食べる

play sports
スポーツをする

do my homework
宿題をする

go shopping
買い物に行く

What do you do with your friends?
友達とどんなことをいっしょにするかな？

平和　Peace

English Activity

Let's think!

What would you say?
ワット ウッヂュー セイ

（自分から声をかけてみよう。）なんと言ったらいいかな？

声をかけることは仲良くなる第一歩。英語で言えると、たくさんの子と仲良くなれるかもしれないね。みんなはどんなふうに声をかける？

Come on and join us!
カモン アンド ヂョインヌ アス

おいでよ，いっしょにやろう！

Hello!
へろウ

こんにちは！

Don't be shy!
ドウント ビー シャイ

はずかしがらないで！

Are you all right?
ア～ ユー オール ウライト

だいじょうぶ？

English Activity

Let's act it out!

Let's connect with children from other countries!
れッツ コネクト ウィず チるドレンヌ ふラム アざ カントリズ

世界の子どもたちとつながろう！

外国の人とつながるには、手紙やメールを使う方法があるよ。他にもインターネット上のSNSなどを利用して交流する人も増えているよ。

I'll send an e-mail.
アイる センド アン イーメイる

（外国に住む友達に）メールを送るよ。

I'm writing to my pen pal.
アイム ウライティング トゥ マイ ペンヌ パる

文通相手に手紙を書いているよ。

I can't wait for the reply!
アイ キャーント ウェイト ふォ ざ ウリプらイ

返事が待ちきれないよ！

※インターネットを使うときは、大人といっしょに使いましょう。

August 8月

| いろいろな言語で | 八月 中国語 | août フランス語 | áвгуст ロシア語 | agosto スペイン語 |

1
Emancipation Day
(Barbados/ Saint Vincent and the Grenadines/ Trinidad and Tobago)
奴隷解放記念日（バルバドス／セントビンセントおよびグレナディーン諸島／トリニダード・トバゴ）

2
Death of Graham Bell (1922)
グラハム・ベル没

電話を発明した，アメリカの発明家だよ。

3
Independence Day (Niger)
独立記念日（ニジェール）

4
Birth of Louis Armstrong (1901)
ルイ・アームストロング誕生

アメリカの有名なジャズトランペット奏者，歌手だよ。

8
World Cat Day
世界ネコの日

ネコと人間のきずなを祝う日だよ。

9
Day of Nagasaki Atomic Bombing (Japan)
長崎原爆の日（日本）
平和 20ページ

International Day of the World's Indigenous Peoples
世界の先住民の国際デー ☆
異文化理解 22ページ

10
World Lion Day
世界ライオンの日

14
World Lizard Day
世界トカゲの日

15
National Memorial Service Day for War Dead (Japan)
戦没者を追悼し平和を祈念する日（日本）

16
Death of Babe Ruth (1948)
ベーブ・ルース没

通算714本のホームランを打った，アメリカのプロ野球選手だよ。

17
Independence Day (Indonesia/ Gabon)
独立記念日（インドネシア／ガボン）

20
World Mosquito Day
世界蚊の日

イギリスの医学者ロナルド・ロスが，蚊の体内にマラリアの原因となる生物がいることを発見した日だよ。

21
Death of Charles Eames (1978)
チャールズ・イームズ没

アメリカの家具デザイナー。「イームズチェア」とよばれるいすなどを生み出したんだ。

22
Dr. Kiyoshi Ito wins the Gauss Prize. (Japan, 2006)
伊藤清，ガウス賞受賞。（日本）

日本の数学者，伊藤清が，すぐれた数学の研究におくられる「ガウス賞」を受賞したよ。

23
International Day for the Remembrance of the Slave Trade and its Abolition
奴隷貿易とその廃止を記念する国際デー ☆

26
World Dog Day
世界イヌの日

27
Birth of Miyazawa Kenji (1896)
宮沢賢治誕生

『銀河鉄道の夜』や，「雨ニモマケズ」などを書いた，日本の童話作家，詩人だよ。

28
March on Washington (United States of America, 1963)
ワシントン大行進（アメリカ）

キング牧師らの指導のもと，黒人たちが白人と同じ権利を求めて，抗議運動を行ったんだ。

29
International Day Against Nuclear Tests
核実験に反対する国際デー ☆

文字の色を 平和，人権，環境，異文化理解 の4つの分野に分けています。 ☆のマークは国連の定める国際デー，国際週間です。

アラビア語	朝鮮語	ポルトガル語	タイ語	ベトナム語
أغسطس (アグストゥス)	팔월 (パルォル)	agosto (アゴスト)	สิงหาคม (スィングハーコム)	tháng tám (タン タム)

年によって日付のかわる記念日

第4週末
Giants of Ath Festival (Belgium)
アトの巨人祭り（ベルギー）
アトという町で行われる，4mの巨人像を使った祭りだよ。

最終水曜日
La Tomatina (Spain)
トマト祭り（スペイン）
ブニョールという町で行われる祭り。町中でトマトをぶつけ合うよ。

---

5 Independence Day (Burkina Faso)
独立記念日（ブルキナファソ）

6 Day of Hiroshima Atomic Bombing (Japan)
広島原爆の日（日本）
20ページ　平和

7 Independence Day (Côte d'Ivoire)
独立記念日（コートジボワール）

11 Independence Day (Chad)
独立記念日（チャド）

12 International Youth Day
国際青少年デー ★
World Elephant Day
世界ゾウの日

13 Left Handers Day
左利きの日
左利きの人が，右利きを前提とすることが多い世の中で直面している問題について，うったえる日だよ。

18 National Science Day (Thailand)
科学の日（タイ）

19 World Humanitarian Day
世界人道デー ★
24ページ　人権
International Orangutan Day
世界オランウータン・デー
World Photo Day 世界写真の日

24 Birth of Duke Kahanamoku (1890)
デューク・カハナモク誕生
ハワイ生まれの水泳選手，サーファー。オリンピックで活躍するいっぽうで，世界にハワイの文化を広めたよ。
Independence Day (Ukraine)
独立記念日（ウクライナ）

25 The first instant noodles are launched. (Japan, 1958)
インスタントラーメン誕生。（日本）
安藤百福という人が，開発したんだ。

30 International Day of the Victims of Enforced Disappearances
強制失踪の被害者のための国際デー ★

31 National Day (Malaysia)
建国記念日（マレーシア）
National Language Day (Moldova)
言語の日（モルドバ）
ルーマニア語が，国の公用語となったことを記念する日だよ。

🇯🇵 日本の季節行事

13日～15日　お盆
Obon Festival
先祖を祭る仏教の行事です。お盆には，先祖の霊が家にもどるとされており，人々は，むかえ火をたいて霊をむかえ，花や食物を供えて供養します。お盆の終わりには送り火をたき，先祖の霊を見送ります。
※お盆の行事を7月に行う地域もあります。

―― 日本の祝日 ――
山の日（11日）

August 6th, 9th
オーガスト スィックスス ナインス
8月6日，9日

Days of Hiroshima and Nagasaki Atomic Bombings
デイズ アヴ ヒロシマ アンド ナガサキ アタミック バミングズ

広島・長崎 原爆の日

どんな日？

第二次世界大戦中の1945年8月6日，アメリカが世界で初めて原子爆弾を投下しました。場所は広島。爆弾は約14万人*の命をうばい，町は灰と化しました。続く9日，2発目の原子爆弾が長崎に投下され，約7万3,000人*の命がうばわれました。

2つの市では，原爆投下の日を記念日と定め，慰霊の式典を開くとともに，**原子爆弾などの核兵器のない平和な世界の実現をちかう「平和宣言」を**，世界に向けて発信しています。私たち人類は，核兵器が二度と使われないよう，努めていかなければなりません。

*1945年末までの数。

Words & Expressions
ワーッ アンド イクスプレションズ

hometown ホウムタウンヌ
故郷

mental health メンタる へるす
心の健康

daily life デイリ らいふ
日常

life らいふ
命

buildings びるディングス
建物

children's dreams チるドレンズ ドリームズ
子どもたちの夢

houses ハウズィス
家

healthy body へるすィ バディ
健康な体

people's futures ピープるズ フューチャズ
人々の未来

What did atomic bombs destroy?
ワッ デイド アタミック バムズ ディストロイ

原子爆弾は，何を破壊しただろう？

平和　Peace

Let's think!

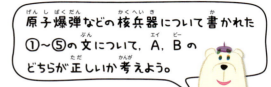

原子爆弾などの核兵器について書かれた①～⑤の文について、A、Bのどちらが正しいか考えよう。

Which is right?
どちらが正しいかな？

① 原子爆弾によるおもな被害は、【A: 熱線／B: けむり】によるもの、爆風によるもの、放射線によるものの3つである。

② 原子爆弾が投下されたとき、中心地の地面の温度は、約【A: 1,000℃／B: 3,000℃】に達したといわれている。

③ 原子爆弾が投下されたとき、中心地の最大風速は、【A: 秒速約50m／B: 秒速約440m】だったといわれている。

④ 現在、世界には約【A: 1,500／B: 15,000】発の核兵器があるといわれている。

⑤ 日本政府は核兵器について、「もたず、つくらず、【A: なくす／B: もちこませず】」という非核三原則の方針をとっている。

出典：長崎市　http://nagasakipeace.jp/japanese.html
　　　広島市　http://www.city.hiroshima.lg.jp/www/genre/1001000002088/index.html

▲原子爆弾投下後の広島。
撮影／米軍　提供／広島平和記念資料館

▲長崎に原子爆弾が投下されたときにできたきのこ雲。

I think A is right.
（①は）Aが正しいと思う。

Let's act it out!

Let's write messages for peace!
平和へのメッセージを書こう！

英語でメッセージを書くと、外国の人にも伝えることができるね。

Let's eliminate nuclear weapons!
核兵器をなくそう！

Remember Hiroshima and Nagasaki!
広島や長崎を忘れないで！

★Let's think!の答え→40ページ

August 9th
8月9日

International Day of the World's Indigenous Peoples

世界の先住民の国際デー

どんな日？

世界にさまざまな国家が成立する以前から，その地に代々住んできた人々を先住民といいます。日本のアイヌやアメリカのネイティブ・アメリカンもその1つです。

先住民はその地に新しく国家をつくった人々から長い間迫害や差別を受け，独自の文化を否定されてきました。国連は，そのような先住民の人権や文化を保護するため，この日を制定しました。そして，**独自の文化をもつ先住民からその知識を学び，環境問題などの未来におよぶ課題の解決に生かしていこう**とよびかけています。

Words & Expressions

- **family** 家族
- **study** 勉強
- **private time** 自分の時間
- **friendship** 友情
- **routine** 日課
- **hobby** 趣味
- **nature** 自然
- **promise** 約束事
- **health** 健康
- **money** お金

What do you treasure in your daily life?
みんなは毎日の暮らしで何を大切にしているかな？

異文化理解 / Cross-Cultural Understanding

English Activity — Let's think!

What do they treasure?
（ネイティブ・アメリカンは）何を大切にしているだろう？

世界にはいろいろな先住民がいて、それぞれに大切にしているものがあるよ。①〜⑥は文字をもたなかったネイティブ・アメリカンが使っていた絵文字だよ。意味を想像して、□から選んでみよう。

① 　② 　③

④ 　⑤ 　⑥

peace 平和	river 川	people 人々
circling 輪になること	mountains 山々	Great Spirit 部族の神

They worship nature.
かれらは自然をおそれ、敬っているんだよ。

出典：Native Americans (Teacher Created Materials, Inc.)

English Activity — Let's act it out!

Let's create pictographs!
絵文字をつくろう！

みんなもネイティブ・アメリカンにならって、自分の大切にしたいものを絵文字で表してみよう。

I'll create pictographs of animals.
「動物」の絵文字をつくるよ。

giraffe キリン　lion ライオン　snake ヘビ

I'll create pictographs of nature.
ぼくは「自然」の絵文字をつくろう。

wood 木　wind 風

★Let's think! の答え→40ページ

August 19th
8月19日

World Humanitarian Day

世界人道デー

どんな日？

世界には，紛争や自然災害などによって困難な状況におかれている人がたくさんいます。そしてそのような人たちに，意思と勇気をもって，人間として行うべき支援（人道支援）を行う人々がいます。

2003年8月19日，イラクの国連事務所が爆撃され，22人もの人道支援関係者が犠牲になりました。国連は，犠牲者をいたんでこの日を「世界人道デー」と制定し，**人道支援を受ける人々と行う人々に思いをはせるとともに，これをきっかけに人道問題について考えるよう**，よびかけています。

Words & Expressions

medical care
医療

relief aids
救援物資

technical support
技術支援

shelters
避難所

volunteers
ボランティア

rescue
救助活動

funds
資金

information
情報

What humanitarian aid can we give?
私たちは，どのような人道支援をあたえる（届ける）ことができるのだろう？

人権　Human Rights

English Activity

Let's think!

What do they need?
かれらは何を必要としているかな？

避難所にはいろんな人がいるよ。それぞれどんなものを届けたらいいかな？ ①〜③に入れて答えてね。□の中から必要と思うものを全て挙げてみよう。

I need (①).
（赤ちゃんがいるので）
私は①を必要としています。

I need (②).
（ここはすごく寒いので）
ぼくは②を必要としています。

I need (③).
（持病があるので）
私は③を必要としています。

ここに挙げた以外にも、救援物資として届けたいものはあるかな？

milk	a heavy sweater	paper diapers	medicine	a blanket
ミルク	厚手のセーター	紙おむつ	薬	毛布

More to know

2011年の東日本大震災のとき、日本は世界からどんな支援を受けたんだろう？

Humanitarian Aid
for the Great East Japan Earthquake
東日本大震災への人道支援

　2011年3月11日に発生した東日本大震災では、世界各国からさまざまな支援がありました。いち早くレスキューチームを派遣してくれたのは韓国です。また、アメリカは、在日アメリカ軍約2万人を投入した「トモダチ作戦」で、支援物資の運搬や救助活動、がれきの撤去作業などを行ってくれました。外国政府として初めて医療支援チームを派遣してくれたのはイスラエルです。その他多くの人々が支援物資や寄付金を温かいメッセージとともに送ってくれました。その数は、現在までで163の国と地域、43の国際機関にのぼっています。（2016年8月現在）

▲「トモダチ作戦」では、避難所の人の診察も行われました。
U.S. Marine Corps photo by Gunnery Sgt. Leo Salinas

★Let's think! の答え→40ページ

September 9月

いろいろな言語で
- 中国語: 九月
- フランス語: septembre
- ロシア語: сентябрь
- スペイン語: septiembre

1
Independence Day (Uzbekistan)
独立記念日（ウズベキスタン）

Knowledge Day (Russia)
知識の日（ロシア）
学校で，新学年が始まる日だよ。

2
The End of World War Ⅱ (1945)
第二次世界大戦終結

Death of Pierre de Coubertin (1937)
クーベルタン没
「オリンピックの父」とよばれている，近代オリンピックの創立者。

3
Convention on the Elimination of All Forms of Discrimination against Women comes into force. (1981)
女子差別撤廃条約発効。

7
Independence Day (Brazil)
独立記念日（ブラジル）

8
International Literacy Day
国際識字デー ☆
人権
30ページ

9
Independence Day (Tajikistan)
独立記念日（タジキスタン）

10
World Suicide Prevention Day
世界自殺予防デー

14
Birth of Peter Scott (1909)
ピーター・スコット誕生
イギリスの鳥類学者。自然保護をうったえ，WWF（世界自然保護基金）の創設にも関わったんだ。

15
International Day of Democracy
国際民主主義デー ☆

Independence Day (Costa Rica/ El Salvador/ Guatemala/ Honduras/ Nicaragua)
独立記念日
（コスタリカ／エルサルバドル／グアテマラ／ホンジュラス／ニカラグア）

16
International Day for the Preservation of the Ozone Layer
オゾン層保護のための国際デー ☆
環境
32ページ

20
The First Cannes Film Festival (1946)
第1回カンヌ映画祭
フランスのカンヌで毎年開かれる国際的な映画祭だよ。

21
International Day of Peace
国際平和デー ☆
平和
34ページ

22
Independence Day (Bulgaria/ Mali)
独立記念日（ブルガリア／マリ）

World Car-Free Day
カーフリーデー
都心部での自動車の使用をひかえ，環境や交通について考える日だよ。

World Rhino Day
世界サイの日

26
International Day for the Total Elimination of Nuclear Weapons
核兵器の全面的廃絶のための国際デー ☆

European Day of Languages
ヨーロッパ言語の日
ヨーロッパにさまざまな言語があることを祝い，言語の学習をうながす日だよ。

27
World Tourism Day
世界観光デー ☆
異文化理解
36ページ

28
International Right to Know Day
世界知る権利デー
人々の知る権利への意識を高め，政府に情報を公開するようはたらきかける日だよ。

文字の色を 平和，人権，環境，異文化理解 の4つの分野に分けています。　☆のマークは国連の定める国際デー，国際週間です。

سبتمبر	구월	setembro	กันยายน	tháng chín
アラビア語	朝鮮語	ポルトガル語	タイ語	ベトナム語

年によって日付のかわる記念日

第1土曜日
World Beard Day
世界ひげの日
あごひげをすすめる日だよ。

第1日曜日
The Venice Historical Regatta (Italy)
歴史的レガッタ（イタリア）
ボートレースと，仮装した人々によるゴンドラのパレードが行われるんだ。

第3土曜日
International Red Panda Day
国際レッサーパンダデー

4
Birth of John McCarthy (1927)
ジョン・マッカーシー誕生
AI（人工知能）の分野を開拓した，アメリカの数学者で科学者だよ。

5
International Day of Charity
国際チャリティー・デー ☆ (28ページ 平和)

Clean Coal Day (Japan)
クリーン・コール・デー（日本）
石炭の重要性とその使い方について，理解を深める日だよ。

6
Independence Day (Swaziland)
独立記念日（スワジランド）

11
Terrorist Attacks on the U.S. (United States of America, 2001)
同時多発テロ（アメリカ）
アメリカで，テロリストに乗っ取られた旅客機がビルに衝突・墜落した事件。約3,000人がなくなったんだ。

12
United Nations Day for South-South Cooperation
国連南南協力デー ★

13
World Law Day
世界法の日
経済の発展をめざして，アフリカや南アジアなどの開発途上国間の協力をうながす日だよ。

17
National Heroes' Day (Angola)
国民英雄の日（アンゴラ）
アンゴラを独立に導き，初代大統領となったアントニオ・アゴスティニョ・ネトの誕生日だよ。

18
Independence Day (Chile) 独立記念日（チリ）

Cup noodles are first unveiled. (Japan, 1971)
カップめんが初めて発表される。（日本）

19
International Talk Like A Pirate Day
国際海賊口調の日
海賊の話し方をまねして楽しむ日だよ。

23
Neptune is discovered. (1846)
海王星発見。

24
Independence Day (Guinea-Bissau)
独立記念日（ギニアビサウ）

Heritage Day (Republic of South Africa)
伝統文化継承の日（南アフリカ共和国）

25
Death of Wangari Maathai (2011)
ワンガリ・マータイ没
グリーンベルト運動という植林活動を行った，ケニアの環境活動家だよ。

29
The Inventors' Day (Argentina)
発明家の日（アルゼンチン）
ボールペンを発明したアルゼンチンの発明家ビーローの誕生日を記念してつくられたんだよ。

30
Independence Day (Botswana)
独立記念日（ボツワナ）

International Translation Day
世界翻訳の日
聖書をラテン語に翻訳した聖ヒエロニムスがなくなった日にちなんでいるんだよ。

🔴 **日本の季節行事**

中旬 — 十五夜
Full Moon Night
お月見ともよばれる行事。旧暦の8月15日にあたる日の夜に，月見団子やススキなどを供えて，満月を楽しみます。この夜の満月を「中秋の名月」といいます。

日本の祝日
敬老の日（第3月曜日）
秋分の日（23日ごろ）

International Day of Charity

国際チャリティー・デー

9月5日

どんな日？

チャリティーは慈善ともいい，困難な状況にある人の心によりそい，助けることを意味します。2011年，東日本大震災で日本が大きな被害を受けたとき，日本だけでなく世界中から多額の寄付が集まり，数えきれないほどの人々がボランティアとして活動しました。これらは全て見返りを求めない，チャリティーの精神によるものでした。

9月5日は，慈善に満ちた生き方で知られるマザー・テレサの命日です。国連はこの日を「国際チャリティー・デー」とし，**チャリティーの精神を世界に広めよう**としています。

Words & Expressions

food delivering
食事の配給

listening volunteer
話を聞くボランティア

charity TV show
チャリティー番組

volunteer teacher
ボランティア講師

charity concert
チャリティーコンサート

street fundraising
街頭募金

charity auction
チャリティーオークション

charity marathon
チャリティーマラソン

What do we do for charity?

チャリティーにはどんな活動があるだろう？

平和 | Peace

English Activity — Let's think!

What do you need?
（募金をしてもらうためには）どんなことが必要かな？

自分が募金をするだけでなく，みんなに募金をよびかけて，集まったお金をまとめて寄付することもできるね。たくさんの人に募金してもらうためにはどんなことが必要だろう？

We need people's trust.
信用してもらうことが必要だ。

目的をきちんと説明しよう。集まったお金をどこを通じて届けるかも示さないとね。

募金 → ユニセフ → 現地

We need some attractive events.
何かすてきなイベントが必要だ。

みんなが参加したくなるようなイベントを企画しよう。

We need to make announcements.
（多くの人に）知らせることが必要だ。

なるべくたくさんの人に知らせよう。

CHARITY CONCERT 9/20

English Activity — Let's act it out!

Let's prepare for the charity!
チャリティーの準備をしよう！

チャリティーのための劇を上演することにしたよ。さあ，準備をしよう！

I'm making a donation box.
私は募金箱を作ろう。

I'll announce it on a website.
ウェブサイトで知らせるよ。

Let me in!
ぼくも入れてね！

September 8th
9月8日

International Literacy Day

国際識字デー

どんな日？

みなさんは文字の読み書きができないということを想像したことがありますか？ 文字を読んだり書いたりできる「識字能力」を身につけることは，人間が人間らしく生活し，豊かで平和な社会をつくるために必要不可欠な権利のひとつです。しかし世界を見ると，15才以上の人口のうち，読み書きができない人は約15%おり，教育の機会をうばわれ読み書きのできない子どももたくさんいます。

国連は，**この問題に取り組むユネスコの識字教育への貢献をたたえるとともに，各国の協力を求めるため**，この日を制定しました。

Words & Expressions

on the blackboard
黒板に

in books
本に

on posters
ポスターに

in manuals
取扱説明書に

on bulletin boards
掲示板に

on signs
看板に

on websites
ウェブサイトに

on food labels
食品のラベルに

in the newspaper
新聞に

Where do you see letters?
文字は，どんなところに見られるかな？

人権 / Human Rights

English Activity イングリッシュアクティヴィティ

Let's think! レッツすィンク

Let's answer the questions!
レッツ アンサ ざ クウェスチョンズ

質問に答えよう！

文字の読み書きができないと、どんなことが起こるのだろう。①〜③の問いに答えながら考えてみよう。

1
のどがかわいたよ。
Can I drink this water?
キャナイ ドリンク ずィス ウォータ
この水, 飲んでいい？

2
何か書いてあるけど……。
Can we play here?
キャンヌ ウィ プレイ ヒア
ぼくたちここで遊んでもいいのかな？

3
もっと他の仕事につきたいけれど, 読み書きができないんだ……。
Can I get a different job?
キャナイ ゲット ア ディふァレント ヂャブ
他の仕事はできないのかな？

No, you can't!
ノウ ユー キャーント
だめだよ！

文字がわからないことが、生活や命に関わることがあるんだね。

More to know
モア トゥ ノウ

Paulo Freire パウロ・フレイレ
ポウロ ふレアリ

　パウロ・フレイレ（1921〜1997）は、ブラジルの教育者であり哲学者です。かれが生まれた地域は貧しく、土地をもつ一部の裕福な人々が、安い賃金で多くの労働者を使用していました。労働者の中には、満足な教育が受けられず文字の読み書きができない人がたくさんいました。フレイレは、そのような人たちに文字の読み書きを教え、それを通じて、貧しい人々にも暮らしや社会を変えることができることを教えました。フレイレの教育は、ブラジルの識字率（文字の読み書きができる人の割合）と社会に大きな影響をあたえました。

▲パウロ・フレイレ

★Let's think! の答え→40ページ

September 16th
9月16日

International Day for the Preservation of the Ozone Layer
オゾン層保護のための国際デー

どんな日？

「オゾン層」という言葉を聞いたことがあるでしょうか？「オゾン」は、酸素でできた気体の一種です。上空に層をつくり、「紫外線」という太陽光の中の有害な光から、私たち生物を守っています。

しかし、冷蔵庫やエアコン、スプレー缶などに使用されてきたフロンによって、オゾン層の破壊が進み、地球に降り注ぐ紫外線が強くなってきています。国連は、**オゾン層の保護には地球規模の対策が必要だ**として、この日を「オゾン層保護のための国際デー」に制定し、世界の国々に対策をうながしています。

Words & Expressions

sunglasses サングラス

sunblock 日焼け止めクリーム

parasol 日傘

long-sleeved shirt 長袖のシャツ

hat 帽子

weather forecast 天気予報

leafy shade 木陰

pants 長ズボン

How do you protect yourself from ultraviolet rays?
みんなは、紫外線から何で身を守るかな？

環境 | Environment

English Activity

Let's think!

Is this true or false?
これって本当？ それともうそ？

オゾン層っていったいどういうものだろう？ 正しく説明している文はどれかな？ True（本当）またはFalse（うそ）で答えよう。

① オゾン層は、紫外線をはね返す役割を果たしている。
② オゾン層が、きわめてうすくなっている現象を「オゾンホール」という。
③ オゾンホールは、フロンなど、人間が排出した物質によって発生する。
④ オゾン層の破壊は、植物にも悪い影響をあたえている。
⑤ オゾン層を守るために、世界各国の間で国際的な取り決めが交わされている。

① is false!
①はうそ！

出典：環境省 http://www.env.go.jp/press/102918.html
国土交通省 気象庁
http://www.data.jma.go.jp/gmd/env/ozonehp/3-10ozone.html
公益財団法人 北海道環境財団 北海道地球温暖化防止活動推進センター
http://www.heco-spc.or.jp/ecokids2/01_02.html

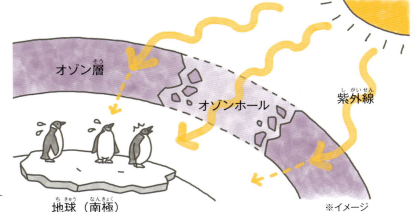

More to know

Project to the Protect Ozone Layer
オゾン層保護のための取り組み

　オゾン層を保護するためには、世界各国が協力して取り組むことが必要です。そのような考えのもと、1985年には「オゾン層の保護のためのウィーン条約」が、1987年には「オゾン層を破壊する物質に関するモントリオール議定書」が採択され、フロンなどオゾン層を破壊する物質の国際的な規制が始まりました。
　日本は、1988年に「オゾン層保護法」を施行するなど、国内の取り組みを進めています。また、資金を提供したり、フロンを製品から回収し適切に破壊する技術を提供したりするなど、他の先進国とともに開発途上国に対する支援を行っています。

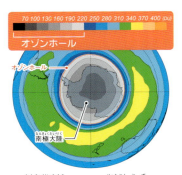

▲南極上空のオゾン量分布図
（2015年10月の月平均）

環境省 地球環境局 地球温暖化対策課 フロン対策室
「オゾン層を守ろう 2016」より引用

★Let's think! の答え→ 40ページ

September 21st
9月21日

国際平和デー

International Day of Peace

どんな日？

9月21日は，国連が制定した「国際平和デー」です。国際平和は人類共通の理想であり，国境をこえて全ての人々が取り組むべき課題でもあります。国連はこの日を，停戦と非暴力の日と定め，**この日1日は争いをやめるよう**，全ての国と人々によびかけています。

この日，世界各地では，国際平和に関するさまざまなイベントが行われます。国連広報局では，各国の若者たちを招いて交流の機会を設けるなど，**平和な未来の担い手を育む活動**をしています。みなさんもその担い手の1人です。平和な世界を築いていきましょう。

Words & Expressions

cooking for somebody
だれかに料理すること

reading books
本を読むこと

walking a dog
犬と散歩すること

being with my family
家族といること

singing songs
歌うこと

chatting with friends
友達とおしゃべりすること

watering plants
草木に水をやること

playing baseball
野球をすること

What is peace?
平和ってなんだろう？

平和　Peace

Let's think!　れっツ すインク

What words lead us to peace?

どんな言葉が、私たちを平和に導くだろう？

平和であるためには、みんながおたがいを思いやることが大切だね。どんな言葉で伝えたらいいだろう？

Thank you.
ありがとう。

Let's talk.
話そうよ。

That's okay.
いいんだよ。

I'm sorry.
ごめんなさい。

Thoughtful words bring us peace.
思いやりのある言葉は、平和につながるよ。

Let's act it out!　れっツ アクティタウト

Let's pray for peace!

平和のためにいのろう！

国連のよびかけや人々の願いにも関わらず、世界から戦争はなくならない。平和な未来のために、みんなでいのろう。

▲爆撃によって破壊された町

I'll pray with you!
ぼくもいっしょにいのるよ！

September 27th
9月27日

World Tourism Day

世界観光デー

どんな日？

世界各地の観光地を世界中の人々が訪問し合えたら，どんなにすばらしいでしょう。美しい地球の自然の多様さや人間の生み出した文化の豊かさを体験できるだけでなく，もっとおたがいのことを理解しやすくなり，同じ地球に生きる仲間であることを感じ合うことができるのではないでしょうか。

国連は，そうした**観光のすばらしさをひろく伝えよう**と，9月27日を「世界観光デー」と定めました。年齢や障害のあるなし，また国籍に関わらず，**全ての人々が観光の恩恵を受けられるよう**，各国の協力を求めています。

Words & Expressions

heritage — 遺産

national park — 国立公園

museum — 博物館

beautiful scenery — 美しい景色

local food — 地元の料理

local event — 地域のイベント

souvenir — おみやげ

amusement — 娯楽

famous architecture — 有名な建築

What do you see at tourist sites?
観光地には何があるかな？

異文化理解 Cross-Cultural Understanding

English Activity — Let's think!

What are you interested in?
みんなは（旅行先の）どんなことに興味がある？

I'm interested in architecture.
建築に興味があるよ。

I'm interested in nature.
自然に興味があるな。

Local food!
地元の料理！

History.
歴史。

Communication with local people.
地元の人とのふれあい。

That sounds good too!
そういう考えもいいね！

English Activity — Let's act it out!

Let's write about our dream journey!
夢の旅行を書いてみよう！

どこの国へ旅行してみたい？ そこで何をしてみたいかな？ 夢の旅行を，ノートに書いてみよう！

I want to go to Norway.
ノルウェーに行きたい。

I want to see the aurora.
オーロラを見たい。

I want to eat salmon.
サーモンを食べたい。

I want to know about vikings.
バイキングについて知りたい。

My Calendar
自分だけのカレンダーを作ろう！

右のページをコピーして，自分だけのカレンダーを作ってみよう。自分の予定や出来事，この本を読んで興味をもった日のことなどを書きこむよ。こんな日があったらいいなと思う日を書いてもいいね。

yesterday	昨日
today	今日
tomorrow	明日

[記入例]

August

月名と日付は自分で書き入れよう。

Sunday	Monday	Tuesday	Wednesday	Thursday	Friday	Saturday
		2 My Lucky Day! その日にあった特別な出来事はラッキーデーとしてメモしておこう。	3 My Lucky Day! セミのぬけがらを見つけたよ！	4	5	6 原爆の日（広島）もくとうをする。
7 summer festival 夏祭り	8	9 原爆の日（長崎）もくとうをする。	10	11	12	13 おじいちゃんの家に行く
14	15	16	17 My First Day! 何かをした最初の日を書こう。	18	19 World Humanitarian Day	20 My brother's birthday お兄ちゃんの誕生日
21	22	23 My Lucky Day! 水泳大会で優勝！	24 My First Day! 新しい問題集を始めた日！	25	26	27

この本で学んだ日だよ。この日にしたいことも書いておくといいね。

My Calendar のヒント

季節の行事なども，英語で書きこんでみよう！

New Year's Day お正月

St. Valentine's Day バレンタインデー

Dolls' Festival ひなまつり

Cherry Blossom Viewing お花見

Boys' Festival 端午の節句

Star Festival 七夕

Summer Festival 夏祭り

Moon Viewing お月見

Christmas クリスマス

Sunday	Monday	Tuesday	Wednesday	Thursday	Friday	Saturday

Let's think! の答え

13ページ

（例）
1. using technical tools, operating, constructing
2. computer, programming
3. constructing, cutting, operating, drawing, using technical tools
4. cutting, cooking

など

どの仕事も、さまざまな技術を必要としているよ。答えは1つではないから、必要だと思う技術を全て答えよう。

21ページ

1. A：熱線
2. B：3,000℃
3. B：秒速約440m
4. B：15,000
5. B：もちこませず

②太陽の表面温度は約6,000℃だよ。
③秒速440mは、台風の風速のほぼ10倍にあたるよ。

23ページ

1. peace　平和
2. river　川
3. mountains　山々
4. circling　輪になること
5. Great Spirit　部族の神
6. people　人々

25ページ

（例）
1. milk, paper diapers
2. a heavy sweater, a blanket
3. medicine

など

その人の状況を想像して、届けると役に立ちそうなものを選んでみよう。

31ページ

1. No, you can't.
2. No, you can't.
3. Yes, you can. / No, you can't.

③は、読み書きができなくてもできる仕事は他にもあるかもしれないから、Yes（はい）と答えることができるね。でも、読み書きができないと望んでいる仕事につけないかもしれない。そう考えると答えはNo（いいえ）となるよ。YesかNoか、自分の考えを述べよう。

33ページ

1. False（正解：紫外線の大部分を吸収する）
2. True
3. True
4. True
5. True

Take Action　行動できる地球市民になろう

　世界には数多くの国や地域があり，そこに住む人々は，それぞれ異なる言葉や文化をもっています。しかし私たちは，言葉や文化はちがっても「地球」という1つの星に生まれ，共に生きる仲間です。今，世界は，戦争や人口の増加，気候変動，環境問題や感染症など，解決しなければならない数多くの課題をかかえています。地球に生きる人間は，これらの課題に，協力し合い立ち向かっていかなければなりません。

　まずは世界の課題を自分のこととして考え，身近な暮らしの中から解決に向けた行動を起こしてみましょう。そして次に，世界の人々と，言葉や文化のちがいをこえて課題の解決のために協力し合いましょう。"Global Citizens（地球市民）" とは，そのように行動する人のことをいいます。一人ひとりが地球市民として行動し，地球というかけがえのない場所を守っていきましょう。

「ピックアップページ」関連書籍

7月11日　世界人口デー　10ページ
『世界と日本の人口問題』全5巻
鬼頭宏監修　文研出版　2013年〜2014年

『池上彰のニュースに登場する世界の環境問題　⑦人口問題』
池上彰監修　稲葉茂勝訳・文　キャサリン・チャンバーズ原著
さ・え・ら書房　2011年

7月15日　世界ユース技術デー　12ページ
『なりたい自分を見つける！仕事の図鑑』1〜16巻
[仕事の図鑑] 編集委員会編　あかね書房　2006年〜2014年

7月18日　ネルソン・マンデラ国際デー　14ページ
『ちくま評伝シリーズ〈ポルトレ〉　ネルソン・マンデラ―アパルトヘイトを終焉させた英雄』　筑摩書房編集部著　筑摩書房　2014年

『ポプラ社ノンフィクション19　ネルソン・マンデラ　自由へのたたかい』　パム・ポラック＆メグ・ベルヴィソ著　伊藤菜摘子訳
ポプラ社　2014年

7月30日　国際フレンドシップ・デー　16ページ
『戦場カメラマン渡部陽一が見た世界　―3 友だち』
渡部陽一著　くもん出版　2015年

8月6日，9日　広島・長崎原爆の日　20ページ
『シゲコ！ヒロシマから海をわたって』
菅聖子著　偕成社　2010年

『ぼくは満員電車で原爆を浴びた　11歳の少年が生きぬいたヒロシマ』　米澤鐵志語り　由井りょう子文　小学館　2013年

8月9日　世界の先住民の国際デー　22ページ
『写真で見る　世界の人びと』　ディーナ・フリーマン総監修　稲葉茂勝監訳　ポプラ社　2005年

8月19日　世界人道デー　24ページ
『共に生きるということ　be humane』
緒方貞子著　PHP研究所　2013年

『世界にはばたく日本力　日本の国際協力』
こどもくらぶ編　ほるぷ出版　2011年

9月5日　国際チャリティー・デー　28ページ
『100円からできる国際協力』全6巻　100円からできる国際協力編集委員会編・くさばよしみ著　汐文社　2010年，2013年

『この人を見よ！歴史をつくった人びと伝9　マザー・テレサ』
プロジェクト新・偉人伝著　ポプラ社　2009年

9月8日　国際識字デー　30ページ
『マララ・ユスフザイさんの国連演説から考える　ぼくたちはなぜ，学校へ行くのか。』石井光太文　ポプラ社　2013年

9月16日　オゾン層保護のための国際デー　32ページ
『調べ学習にやくだつ環境の本　改訂・新データ版わたしたちの生きている地球③　改訂・新データ版　オゾンホールのなぞ―大気汚染がわかる本』　桐生広人・山岡寛人著　童心社　2010年

9月21日　国際平和デー　34ページ
『世界の人びとに聞いた100通りの平和』全4巻
伊勢﨑賢治監修　かもがわ出版　2015年〜2016年

『これから戦場に向かいます』
山本美香写真・文　ポプラ社　2016年

9月27日　世界観光デー　36ページ
『調べ学習ナビ　旅行編』
山本紫苑・調べ学習ナビ編集室著　理論社　2016年

『体験取材！世界の国ぐに』全44巻　ポプラ社　2006年〜2009年

Teaching Guide
この本を指導にお使いになる方へ

トピックページについて

①子どもたちが興味をもったトピックについて，それがどのような日か，自由に想像しながら話し合うようにうながします。

②子どもたちが興味をもったトピックについて，図書館の本やインターネットなどを使って調べるようにうながします。

ピックアップページについて

● トピックの導入に使います。

どんな日？

①"What day is today？（今日はなんの日？）"あるいは，「○○の日ってどんな日だろう？」と，子どもたちに問いかけます。

②「この日について知っていることはあるかな？」と，子どもたちの知っていることを引き出します。

③「どんな日？」の文章を子どもたちといっしょに読みます。

Words & Expressions

①シロクマさんの言葉を使って子どもたちに問いかけ，答えを引き出します。子どもたちから出てくる答えは，日本語でもかまいません。

②挙げられている言葉や表現は，問いの答えです。子どもたちと声に出して読んでみましょう。

● トピックをテーマにした活動に使います。

Let's think!

①トピックについて考えるためのクイズや問いが示されています。ノートやふせんを使って，自由にアイデアを書くようにうながします。

②ペアになったりグループを作ったりして，アイデアを交流してもよいでしょう。

Let's act it out!

①子どもたちが自由なアイデアで作業できるようはげまします。

②成果物は掲示をしたり，それを使って友達や家族の前で発表する機会を設けたりするのもよいでしょう。

● トピックについての補足情報です。

More to know

①子どもに読むようにうながし，そこから想像できること，知りたいことなどを引き出します。

②興味をもったことがあれば，図書館の本やインターネットなどを使って調べるようにうながします。

子どもたちに，次のように英語で呼びかけてみましょう！

Let's say this in English.
これを英語で言ってみましょう。

It's OK to make mistakes.
まちがっても大丈夫。

Any questions？
何か質問は？

Make pairs（groups）.
ペア（グループ）になって。

Let's play a game.
ゲームをしましょう。

Repeat after me.
私のあとについてくり返して。

Any volunteer？
だれかやってくれるかな？

Raise your hand.
手を挙げて。

Look at this.
これを見て。

7月11日 世界人口デー　10ページ

Words & Expressions の問いに対するその他の回答例

materials さまざまな素材／employment 雇用／
house 家屋

Let's think! の問いに対するその他の回答例

We should be aware of our environment.
自分たちの環境に注意を向けるべきだ。
We should not overfish. 乱獲をしてはいけない。
We should reuse things. 物を再利用するべきだ。

人口に関しては，増加の問題の他にもたくさんの問題があります。Let's think! について考えたあとで，日本や世界の人口について調べ，考えてみるのもよいでしょう。
・世界の人口ピラミッド
・日本やその他の先進国の人口減少
・都市部への人口の移動

7月15日 世界ユース技術デー　12ページ

Words & Expressions の問いに対するその他の回答例

gardening 園芸／driving 運転／
measuring 計測する／teaching 教える

専門的な技術だけでなく，だれにとっても必要な基本的な技術を挙げるのもよいでしょう。
reading 読むこと／writing 書くこと／
calculating 計算すること／
communicating コミュニケーションをとること

Let's think!

答えは1つとは限りません。子どもたちが12ページに挙げた言葉の中から，なぜその言葉を選んだのか理由をきいてみるのもいいですね。

Let's act it out! あこがれの仕事についても英語で表現しましょう。
I want to be a hairdresser. 私は美容師になりたい。
I want to be an architect. ぼくは建築士になりたい。

7月18日 ネルソン・マンデラ国際デー　14ページ

Words & Expressions の問いに対するその他の回答例

stressed いらいらした／depressed ゆううつな／
helpless 無力な／terrible ひどい

14ページの言葉とあわせて，反対の意味の言葉を導入してもいいですね。
sad 悲しい ⇔ glad うれしい
unhappy 不幸せな ⇔ happy 幸せな

Let's think! のあとで，マンデラ氏について調べて，かれの生涯を年表にまとめるなどすると，子どもたちの関心がよりいっそう深まるでしょう。

7月30日 国際フレンドシップ・デー　16ページ

Words & Expressions の問いに対するその他の回答例

go to the movies 映画を見に行く
sing songs 歌を歌う

Let's think! の問いに対するその他の回答例

Do you live near here? この近くに住んでいるの？
You have a cute dog. あなたの犬，かわいいね。

Let's act it out!
【文通相手（ペンパル）に書く最初の手紙の例】
Dear Yapoyo,
I'm Sakura. I'm a Japanese girl, and I'm 12 years old. I'm happy to write you. I like singing songs. Do you like singing? I look forward to your reply.
Sincerely,
Sakura

ヤポヨさん,
私はさくらです。日本の女の子で12才です。初めまして，よろしくね。私は歌うことが好きです。あなたは歌うことは好きですか？ お返事，楽しみにしています。
心をこめて。
さくら

8月6日, 9日 — 広島・長崎原爆の日　20ページ

Words & Expressions の問いに対するその他の回答例

family 家族／heritage 遺産／nature 自然／
farm land 耕作地／factory 工場

Let's think!　のクイズに答えたあと，その事実を知って感じたことや，考えたことなどについて話し合ってみましょう。また，原子爆弾について，もっと知りたいと思うことを引き出してみるのもよいでしょう。映像記録で被爆者の生の声を聞いたり，この日をあつかった本を読んだりすることで，さらに理解を深めることができます。

Let's act it out!　で使えるその他の表現

Ban nuclear weapons!　核兵器を禁止して！
Peace, please!　平和を，お願い！
Now is the time!　今こそその時！
No more Hiroshima and Nagasaki!
広島，長崎をくり返さないで！

8月9日 — 世界の先住民の国際デー　22ページ

Words & Expressions の問いに対するその他の回答例

thoughts 考え／dream 夢／custom 慣習／
rules 決まり事／collection コレクション／pet ペット

Let's think!　のクイズに答えたあとで，世界にどのような先住民がいるかを調べ，世界地図などを使って発表し合うのはどうでしょうか。
また，文字をもたない人々がどのように知恵や文化を次世代に伝えていったのかを調べてみると，アイヌの「ユーカラ」など，口承で伝えられた詩が，その役割を果たしていたことなどを学べるでしょう。

Let's act it out!　絵文字をつくるのとあわせて，自分が大切にしたいものを英語で言ってみましょう。

I want to treasure animals.　動物を大切にしたいな。
I want to treasure nature.　自然を大切にしたいよ。

8月19日 — 世界人道デー　24ページ

Words & Expressions の問いに対するその他の回答例

message メッセージ／helping hand 手助け／
carriage 運搬／search 捜索

Let's think!　のその他の回答例

knit hat 毛糸の帽子／toy おもちゃ／
nourishing foods 栄養のある食べ物

自然災害，伝染病，戦争，テロ攻撃，飢餓など，人道支援を必要とする事態が世界中で起こっています。今，支援を必要としている人々がだれかを知り，何をどのような方法で届けることができるかを調べてみましょう。そして，自分に協力できることを見つけ，実践しましょう。

9月5日 — 国際チャリティー・デー　28ページ

Words & Expressions の問いに対するその他の回答例

food stall 屋台
charity bazaar チャリティーバザー
click-to-donate インターネットのクリック募金
newsletter （チャリティーとして発行される）広報誌

Let's think!　の問いに対するその他の回答例

fund raising expense 募金にかかる経費
catchy slogan 目を引くスローガン
master plan 全体計画
companion （いっしょに主催者になってくれる）仲間

Let's act it out!

28ページに挙げたように，現在，世の中では，さまざまな形のチャリティー活動が行われています。子どもたちには，チャリティーの意義をよく考えたうえで，自分たちのできる方法で参加するように伝えましょう。子ども自身がチャリティー活動を主催するときは，大人と相談して無理のない計画を立てることが大切です。

9月8日　国際識字デー　30ページ

Words & Expressions の問いに対するその他の回答例
in timetables　時刻表に／in dictionaries　辞典に／
on tickets　切符に／on maps　地図に

Let's think! の問いについて考えたあとで、文字が読めないと、他にどんな場面でどんな問題が起こるか考えてみましょう。日本は識字率が100パーセントに近い水準にあり、子どもたちには、文字が読めないということが実感しにくいかもしれません。実際に身のまわりの文字を探して、もしそれが読めなかったらどのようなことが起こるかを想像するようにうながすとよいでしょう。

More to know を読んだあとで、世界には、文字を学べない人々がまだまだたくさんいることについて、なぜ文字を学ぶことができないのかを調べてみましょう。

9月16日　オゾン層保護のための国際デー　32ページ

Words & Expressions の問いに対するその他の回答例
limited exposure
日差しを浴びる時間を制限すること
education program on UV
紫外線についての学習プログラムで学ぶこと

Let's think! のクイズに答えたあとで、オゾン層について自分たちで調べて、オリジナルのクイズを作るようにうながすのもよいでしょう。

There is good ozone and bad ozone.
オゾンにはよいものと悪いものがある。
- It's true.
本当。

紫外線から私たちを守ってくれるオゾンの他に、自動車の排気ガスなどによってできるオゾンがあります。これは呼吸器系の疾患など健康への影響や、農作物などの生育への影響があるといわれています。

9月21日　国際平和デー　34ページ

Words & Expressions の問いに対するその他の回答例
making someone smile　だれかを笑顔にすること
listening to birds　鳥のさえずりを聞くこと
sharing food　食べ物を分け合うこと

Let's think! の問いに対するその他の回答例
Let's stop and think.　ちょっと考えてみようよ。
Don't be afraid.　こわがらないで。
What do you think?　あなたはどう思う？
I love you.　大好きだよ。

Let's act it out! 平和をいのるのに合わせて、いのりの歌を歌ったり、演奏をしたりするなどの活動を取り入れてもよいでしょう。

9月27日　世界観光デー　36ページ

Words & Expressions の問いに対するその他の回答例
rare creature　めずらしい生物／monument　記念碑

Let's think! の問いに対するその他の回答例
I'm interested in fashion.　ファッションに興味があるの。
I'm interested in folklore.　伝説に興味があるんだ。

また、ここでは、自分の住んでいる国や町について、観光客にとって魅力的なことは何かを考えてみるのもいいですね。外国の人たちを招く表現もあわせて練習しましょう。

You can visit a beautiful temple here.
ここでは美しいお寺を見ることができます。
Please come to our town.
どうぞ私たちの町に来てください。

Let's act it out! ノートには、いっしょに行く人や行く季節などの情報を加えることもできます。
I want to go there with my friend.
そこには友達といっしょに行きたい。
I want to visit there in spring.
春にそこを訪れたい。

Word List 言葉の一覧

この本に出てくる主な英語を「物の名前を表す言葉」「動作を表す言葉」「様子や性質を表す言葉」の3つに分類し、それぞれアルファベット順に並べています。

物の名前を表す言葉

- amusement 娯楽 ... 36
- animal(s) 動物 ... 23
- announcement(s) 知らせること ... 29
- apartheid アパルトヘイト ... 15
- architecture 建築 ... 36, 37
- atomic bomb(s) 原子爆弾 ... 20
- auction オークション ... 28
- baseball 野球 ... 34
- blackboard 黒板 ... 30
- blanket 毛布 ... 25
- body 体 ... 20
- book(s) 本 ... 16, 30, 34
- bridge 橋 ... 15
- building(s) 建物 ... 20
- bulletin board(s) 掲示板 ... 30
- carpenter 大工 ... 13
- charity チャリティー, 慈善 ... 28, 29
- children 子どもたち ... 17, 20
- circling 輪になること ... 23
- coal 石炭 ... 10
- communication ふれあい ... 37
- computer コンピューター操作 ... 12
- computer programmer コンピュータープログラマー ... 13
- constructing 建設する, 組み立てる ... 12
- cook 調理師 ... 13
- cooking 調理 ... 12
- concert コンサート ... 28
- country(ies) 国 ... 17
- cutting 切る ... 12, 13
- daily life 日常, 毎日の暮らし ... 20, 22
- design デザイン ... 12
- dog 犬 ... 34
- donation box 募金箱 ... 29
- drawing 図面をかく ... 12, 13
- dream(s) 夢(の) ... 20, 37
- e-mail メール ... 17
- event(s) イベント ... 29, 36
- family 家族 ... 22, 34
- food 食べ物, 料理 ... 10, 36, 37
- food delivering 食事の配給 ... 28
- food label(s) 食品ラベル ... 30
- forgiveness ゆるす心 ... 15
- freedom 自由 ... 15
- friend(s) 友達 ... 16, 34
- friendship 友情 ... 22
- fund(s) 資金 ... 24
- future(s) 未来 ... 20
- Great Spirit 部族の神 ... 23
- hat 帽子 ... 32
- health 健康 ... 22
- heavy sweater 厚手のセーター ... 25
- heritage 遺産 ... 36
- history 歴史 ... 37
- hobby 趣味 ... 22
- hometown 故郷 ... 20
- homework 宿題 ... 16
- house(s) 家 ... 20
- humanitarian aid 人道支援 ... 24, 25
- information 情報 ... 24
- job 仕事 ... 31
- journey 旅行 ... 37
- kind 種類 ... 12
- land 土地 ... 10
- language 言葉 ... 15
- leafy shade 木陰 ... 32
- letter(s) 文字 ... 30
- life 命 ... 20
- listening volunteer 話を聞くボランティア ... 28
- long-sleeved shirt 長袖のシャツ ... 32
- lunch 昼食 ... 16
- manual(s) 取扱説明書 ... 30
- marathon マラソン ... 28
- mechanic 機械工 ... 13
- medical care 医療 ... 24
- medicine 薬 ... 25
- mental health 心の健康 ... 20
- message(s) メッセージ ... 21
- milk ミルク ... 25
- mineral(s) 鉱物 ... 10
- money お金 ... 22
- mountain(s) 山 ... 23
- museum 博物館 ... 36
- national park 国立公園 ... 36
- natural gas 天然ガス ... 10
- nature 自然 ... 22, 23, 37
- newspaper 新聞 ... 30
- nuclear weapon(s) 核兵器 ... 21
- oil 石油 ... 10
- operating (機械やシステムなどを)操作する ... 12
- ozone layer オゾン層 ... 33
- pants 長ズボン ... 32
- paper diaper(s) 紙おむつ ... 25
- parasol 日傘 ... 32
- peace 平和 ... 21, 23, 34, 35
- pen pal 文通相手, ペンパル ... 17
- people 人々 ... 20, 23, 29, 37
- person 人 ... 15
- pictograph(s) 絵文字 ... 23
- plant(s) 植物, 草木 ... 10, 34
- poster(s) ポスター ... 30
- private time 自分の時間 ... 22
- problem(s) なやみ ... 16
- programming プログラミング ... 12
- project 取り組み ... 33
- promise 約束事 ... 22

クウェスチョンヌ(ズ)	チャット	ウェイト
question(s) 質問 …………………………… 31	**chat** おしゃべりする …………………… 16, 34	**wait** 待つ …………………………………… 17
ゥリリーフ エイ(ツ) きゅうえんぶっし	カム	ウォーク さんぽ
relief aid(s) 救援物資 ………………… 24	**come** 来る ………………………………… 17	**walk** 散歩する ……………………………… 34
ゥリニューアブる エナヂ さいせい	コネクト	ウォータ みず
renewable energy 再生エネルギー …… 11	**connect** つながる ………………………… 17	**water** 水をやる …………………………… 34
ゥリプらイ へんじ	クック りょうり	ワ〜シップ
reply 返事 ……………………………………… 17	**cook** 料理する ……………………………… 34	**worship** おそれ敬う ……………………… 23
ゥレスキュー きゅうじょかつどう	クリエイト	ゥライト か
rescue 救助活動 …………………………… 24	**create** つくる ………………………… 11, 23	**write** 書く …………………………… 17, 21, 37
ゥリヴァ かわ	ディストロイ はかい	
river 川 ……………………………………… 23	**destroy** 破壊する ………………………… 20	**様子や性質を表す言葉**
ゥルーティーンヌ にっか	ドゥ	
routine 日課 ………………………………… 22	**do** 〜をする …………………… 11, 16, 28	オール ゥライト
スィーナリ けしき	ドリンク の	**all right** だいじょうぶな ………………… 17
scenery 景色 ……………………………… 36	**drink** 飲む …………………………………… 31	アングリ
シェるタ(ズ) ひなんじょ	イりミネイト	**angry** おこった ……………………… 14, 15
shelter(s) 避難所 ………………………… 24	**eliminate** なくす ………………………… 21	アトラクティヴ
ショッピング か もの	ふィーる きも	**attractive** すてきな ……………………… 29
shopping 買い物 …………………………… 16	**feel** 〜な気持ちがする …………………… 14	オーふる ふゆかい
サインヌ(ズ) かんばん	ふァろウ	**awful** 不愉快な …………………………… 14
sign(s) 看板 ………………………………… 30	**follow** たどる ……………………………… 15	ビューティふる うつく
スキる(ズ) ぎじゅつ	ゲット え	**beautiful** 美しい ………………………… 36
skill(s) 技術 …………………………… 12, 13	**get** 得る …………………………………… 31	ディふァレント ほか
ソング(ズ) うた	ギヴ とど	**different** 他の …………………………… 31
song(s) 歌 ………………………………… 34	**give** あたえる, 届ける …………………… 24	ディストレスト くる
スーヴェニア	ギヴ アップ	**distressed** 苦しい ……………………… 14
souvenir おみやげ ………………………… 36	**give up** あきらめる ……………………… 15	ふォーるス
スポー(ツ)	ゴウ	**false** うその ……………………………… 33
sport(s) スポーツ ………………………… 16	**go** 行く …………………………………… 16	ふェイマス ゆうめい
ストリート ふァンドレイズィング がいとうぼきん	ヘイト	**famous** 有名な …………………………… 36
street fundraising 街頭募金 …………… 28	**hate** にくむ ……………………………… 15	ふラストレイティッド
スタディ べんきょう	ハヴ	**frustrated** いらいらした ………………… 14
study 勉強 ………………………………… 22	**have** もっている, 食べる ……………… 13, 16	グッド
サンブらック ひ ど	チョインヌ	**good** よい ………………………………… 37
sunblock 日焼け止めクリーム ………… 32	**join** いっしょにする ……………………… 17	へるディ けんこう
サングらス(ィズ)	らック た	**healthy** 健康な …………………………… 20
sunglass(es) サングラス ………………… 32	**lack** 足りなくなる ………………………… 10	インタレスティッド きょうみ
テクニカる サポート ぎじゅつしえん	リード みちび	**interested** 興味がある ………………… 37
technical support 技術支援 …………… 24	**lead** 導く ………………………………… 35	れス りょう へ
テクニカる トゥーる(ズ) こうぐ	メイク つく	**less** 量を減らす …………………………… 11
technical tool(s) 工具 …………………… 12	**make** 作る ………………………………… 29	ろウかる ちいき じもと
トゥアリスト サイ(ツ) かんこうち	ニード ひつよう	**local** 地域の, 地元の …………………… 36, 37
tourist site(s) 観光地 …………………… 36	**need** 必要とする …………… 12, 13, 25, 29	ミゼラブる
トラスト しんよう	プれイ あそ	**miserable** みじめな ……………………… 14
trust 信用 ………………………………… 29	**play** 遊ぶ, プレイする ……………… 16, 31, 34	ニュー あたら
ティーヴィー ショウ ばんぐみ	プれイ	**new** 新しい ………………………………… 11
TV show テレビ番組 ……………………… 28	**pray** いのる ……………………………… 35	オウプンマインディド ひろ こころ
アるトラヴァイオれット ゥレイズ しがいせん	プリペア じゅんび	**open-minded** 広い心をもった ………… 15
ultraviolet rays 紫外線 ………………… 32	**prepare** 準備する ………………………… 29	パズるド
ヴァらンティア(ズ)	プリヴェント ふせ	**puzzled** とまどった ……………………… 14
volunteer(s) ボランティア ……………… 24	**prevent** 〜を防ぐ ………………………… 11	ゥライト ただ
ヴァらンティア ティーチャ	プロテクト まも	**right** 正しい ……………………………… 21
volunteer teacher	**protect** 守る ……………………………… 32	サッド かな
こうし	ゥリード よ	**sad** 悲しい ………………………………… 14
ボランティア講師 …………………… 28	**read** 読む ………………………………… 34	シャイ
ウォーク ある みち	ゥリメンバ わす	**shy** はずかしがりの ……………………… 17
walk 歩いた道 ……………………………… 15	**remember** 忘れない ………………… 11, 21	そートふる おも
ウェイスト	セイ い	**thoughtful** 思いやりのある …………… 35
waste むだづかい ………………………… 11	**say** 言う …………………………………… 17	トゥルー ほんとう
ウォータ みず	スィー み	**true** 本当の ……………………………… 33
water 水 ……………………………… 10, 31	**see** 見る ……………………………… 30, 36	アンイーズィ ふあん
ウェザ ふォ〜キャスト てんきよほう	センド おく	**uneasy** 不安な …………………………… 14
weather forecast 天気予報 …………… 32	**send** 送る ………………………………… 17	アンハピ ふしあわ
ウェブサイト(ツ)	シェア あ み あ	**unhappy** 不幸せな ……………………… 14
website(s) ウェブサイト ………… 29, 30	**share** わけ合う, 見せ合う ……………… 16	
ワ〜ド(ズ) ことば	スィング うた	
word(s) 言葉 ……………………………… 35	**sing** 歌う ………………………………… 34	
	スタディ べんきょう	
動作を表す言葉	**study** 勉強する …………………………… 16	
	トーク そうだん はな	
アナウンス し	**talk** 相談する, 話す …………………… 16, 35	
announce 知らせる ……………………… 29	スィンク おも	
アンサ こた	**think** 思う ………………………………… 21	
answer 答える …………………………… 31	トレジャ たいせつ	
ボーンヌ う	**treasure** 大切にする ………………… 22, 23	
born 生まれる …………………………… 15	アンダスタンド りかい	
バイ か	**understand** 理解する …………………… 15	
buy 買う …………………………………… 11	ユーズ つか	
	use 使う ……………………………… 11, 12	

著者

町田淳子(まちだじゅんこ)

ベルワークス主宰，小学校テーマ別英語教育研究会(ESTEEM)代表。2010年より白梅学園大学非常勤講師。共著書に『あそびながらおぼえる はじめて英語ランド』全5巻(金の星社)，『小学校でやってみよう！ 英語で国際理解教育』全3巻(小学館)，『小学校英語の授業プラン つくって調べる地球環境』(小学館)，『小学校 テーマで学ぶ英語活動』BOOK1,2(三友社出版)，『your world 英語テキスト』(子どもの未来社)などがある。

協力

加賀田哲也(かがたてつや)

大阪教育大学教授。光村図書中学校英語教科書『COLUMBUS 21』編集委員。専門は英語教育学。

- 装丁・デザイン●WILL(川島 梓)
- 表紙イラスト●寺山武士
- 本文イラスト●今井久恵
  - 石川元子／いわしまちあき／やまおかゆか
- 執筆協力●Heaven's Valley
  - (森田 修)
- 英文校閲●Heaven's Valley
  - (Malcolm Hendricks)
- 編集協力●WILL(片岡弘子，中越咲子，滝沢奈美，豊島杏実)
- DTP●WILL(小林真美，新井麻衣子)
- 校正●村井みちよ

〈主な参考資料〉

『ネルソン・マンデラ 未来を変える言葉』(明石書店)／『新訳 被抑圧者の教育学』(亜紀書房)／『暮らしの歳時記 365日「今日は何の日か？」事典』(講談社)／『きょうはこんな日 365』(国土社)／『ビジュアル版 世界のお祭り百科』(柊風舎)／『すぐに役立つ 366日記念日事典[改訂増補版]』(創元社)／『パウロ・フレイレ「被抑圧者の教育学」を読む』(太郎次郎社エディタス)／『家庭学習用 楽しく学ぶ 小学生の地図帳』(帝国書院)／『最新基本地図―世界・日本―[40訂版]』(帝国書院)／『音楽の366日話題事典』(東京堂出版)／『記念日・祝日の事典』(東京堂出版)／『自由への長い道―ネルソン・マンデラ自伝(上)(下)』(日本放送出版協会)／『国際理解を深めよう！ 世界の祭り大図鑑 知らない文化・伝統・行事もいっぱい』(PHP研究所)／『話のネタ 365日[五訂版] 今日は何の日』(PHP研究所)／『21世紀の比較教育学―グローバルとローカルの弁証法』(福村出版)／『世界大百科事典』(平凡社)／『新きょうはなんの日？ 記念日・人物・できごと・祭り』(ポプラ社)／『詳説世界史 改訂版』(山川出版社)／『知っておきたい 日本の年中行事事典』(吉川弘文館)／『世界の国々と祝日―その国は何を祝っているのか―』(理論社)

「アメリカンセンター JAPAN」https://americancenterjapan.com/ 「一般社団法人 海外林業コンサルタンツ協会」http://www.jofca.or.jp/home/ 「一般社団法人 石炭エネルギーセンター」http://www.jcoal.or.jp/ 「一般社団法人 日本肝炎対策振興協会」http://www.jspah.org/index.html 「一般社団法人 日本即席食品工業協会」http://www.instantramen.or.jp/index.html 「外務省」http://www.mofa.go.jp/ 「環境省」http://www.env.go.jp/ 「京都大学」http://www.kyoto-u.ac.jp/ja/ 「公益社団法人 アムネスティ・インターナショナル日本」http://www.amnesty.or.jp/ 「公益社団法人 青年海外協力協会(JOCA)」http://www.joca.or.jp/ 「公益財団法人 日本ユニセフ協会」http://www.unicef.or.jp/ 「公益社団法人 日本ユネスコ協会連盟」http://unesco.or.jp/ 「公益財団法人 プラン・インターナショナル・ジャパン」https://www.plan-international.jp/girl/special/index_s.html 「公益財団法人 ユネスコ・アジア文化センター」http://www.accu.or.jp/jp/index.html 「国際連合広報センター」http://www.unic.or.jp/ 「特定非営利活動法人 国連UNHCR協会」http://www.japanforunhcr.org/ 「国立科学博物館」http://www.kahaku.go.jp/ 「国連開発計画(UNDP)駐日代表事務所」http://www.jp.undp.org/content/tokyo/ja/home.html 「国連人口基金東京事務所」http://www.unfpa.or.jp/ 「総務省統計局」http://www.stat.go.jp/ 「独立行政法人 国際協力機構(JICA)」http://www.jica.go.jp/ 「独立行政法人 日本貿易振興機構(JETRO)」https://www.jetro.go.jp/ 「長崎市」http://www.city.nagasaki.lg.jp/index.html 「長崎原爆資料館」http://nagasakipeace.jp/japanese/abm.html 「広島市」http://www.city.hiroshima.lg.jp/ 「広島平和記念資料館」http://www.pcf.city.hiroshima.jp/ 「法務省」http://www.moj.go.jp/index.html 「稚内市」http://www.city.wakkanai.hokkaido.jp/ 「AFPBB News」http://www.afpbb.com/ 「BBC」http://www.bbc.com 「Encyclopædia Britannica」https://global.britannica.com/ 「Encyclopedia.com」http://www.encyclopedia.com 「Huffington Post」http://www.huffingtonpost.com 「International Labour Organization」http://www.ilo.org/ 「International Literacy Association」https://www.literacyworldwide.org/ 「Newport Aquarium」http://www.newportaquarium.com/ 「OCHA神戸事務所」http://www.unocha.org/japan/ 「RUGBY REPUBLIC」http://rugby-rp.com 「The United Nations High Commissioner for Refugees」http://www.unhcr.org/ 「The World Tourism Organization」http://www2.unwto.org/ 「United Nations」http://www.un.org/ 「United Nations Children's Fund」http://www.unicef.org/ 「United Nations Educational, Scientific and Cultural Organization」http://en.unesco.org/ 「United Nations Environment Programme」http://www.unep.org/ 「United Nations Population Fund」http://www.unfpa.org/ 「UN Office for the Coordination of Humanitarian Affairs」http://www.unocha.org/ 「World Health Organization」http://www.who.int/en/

その他，各国大使館，各国政府観光局，ならびに関係する諸団体のウェブサイトを参考にしました。

〈写真〉アフロ／iStockphoto／shutterstock

英語で学び，考える 今日は何の日 around the world

世界のトピック 7月 8月 9月

2016年12月17日 第1刷発行

著 者	町田淳子
発行者	時枝良次
発行所	光村教育図書株式会社
	〒141-0031 東京都品川区西五反田2-27-4
	TEL 03-3779-0581(代表)
	FAX 03-3779-0266
	http://www.mitsumura-kyouiku.co.jp/
印 刷	三美印刷株式会社
製 本	株式会社 難波製本

ISBN978-4-89572-959-8 C8082 NDC830

48p 27×22cm

Published by Mitsumura Educational Co.,Ltd.Tokyo, Japan

本書の無断複写(コピー)は，著作権法上での例外を除き禁止されています。

落丁本・乱丁本は，お手数ながら小社製作部宛てにお送りください。送料は小社負担にてお取替えいたします。

Useful English Expressions
役立つ英語表現

自己紹介

Hi, I'm James.
やあ，ぼくはジェームズです。
I'm from Australia.
オーストラリアから来ました。
Nice to meet you.
初めまして。
Call me Jim.
ジムと呼んでね。

Hello.
こんにちは。
My name is Rika.
私の名前はりかです。
I like playing soccer.
サッカーをするのが好きです。
Great to meet you.
よろしくお願いします。

あいさつ

Good morning.
おはよう。

Good afternoon.
こんにちは。

Good evening.
こんばんは。

How are you?
お元気ですか？

How have you been?
どうしてた？

Fine, thank you.
はい，ありがとう。

Good!
元気だったよ！

Have a nice day!
よい一日を！

Good to see you.
会えてうれしいね。

Bye!
さようなら！

See you!
またね！

Take care!
体に気をつけてね！

Nice meeting you.
会えてよかった。

I had a good time.
楽しかった。

Good night.
おやすみなさい。

英語で学び，考える **今日は何の日** *around the world* 全4巻